AF440427

L'EXISTENCE

DE LOUIS XVII,

PROUVÉE

PAR LES FAITS ET LES PROPHÉTIES,

ET

RÉPONSE

AUX

BROCHURES DE MM. DE S.-GERVAIS ET ECKARD,

Par M. Fortin.

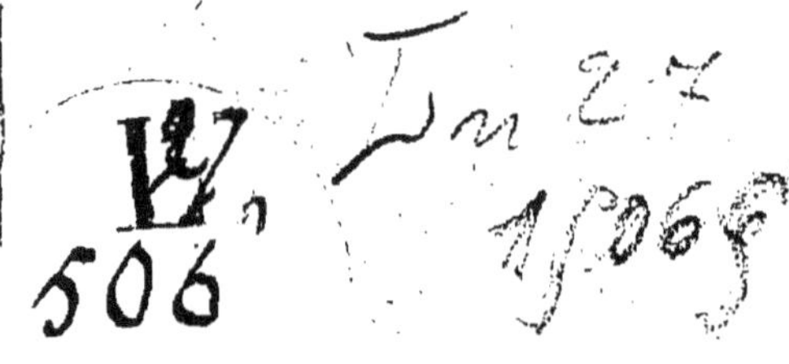

L'EXISTENCE

DE

LOUIS XVII.

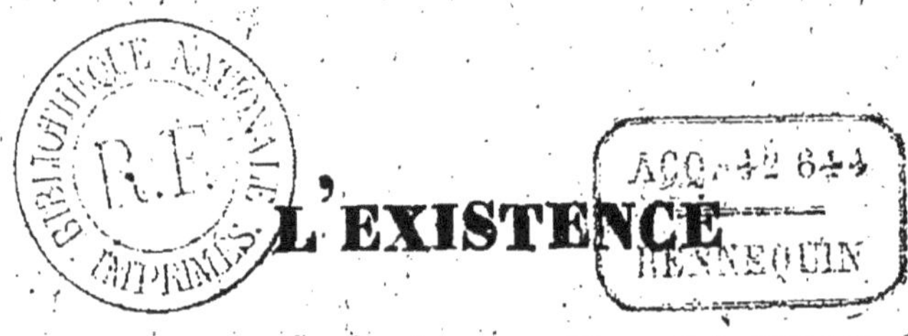

L'EXISTENCE

DE LOUIS XVII,

PROUVÉE

PAR LES FAITS ET LES PROPHÉTIES,

ET

RÉPONSE

AUX

BROCHURES DE MM. DE S.-GERVAIS ET ECKARD,

INTITULÉES :

L'une, Pièces authentiques de la mort du jeune Louis XVII, détails
sur ses derniers momens, pièces justificatives, documens
inédits, et réfutation des Mémoires du soi - disant
DUC DE NORMANDIE, FILS DE LOUIS XVI;

L'autre, l'Enlèvement et l'existence actuelle de Louis XVII,
démontrés chimériques.

Par M. Fortin.

———————◦◦◦———————

PARIS.

CHEZ MADAME GOULET, LIBRAIRE,
PALAIS-ROYAL, GALERIE DE NEMOURS, N° 7;
ET CHEZ TOUS LES MARCHANDS DE NOUVEAUTÉS.

—

JANVIER 1832.

IMPRIMERIE DE DAVID, BOULEVART POISSONNIERE, N° 4 bis.

DÉTAILS CONCERNANT

L'EXISTENCE

DE LOUIS XVII.

Quand on veut détruire un fait quelconque, il faut opposer un autre fait incontestable ; mais on ne parvient jamais à ce but, en débitant des niaiseries ou des absurdités.

On devine facilement la pensée des adversaires de Mémoires qui offusquent et troublent la quiétude du *statu quo*. On reconnaît bien là la tactique du juste-milieu qui ne consent pas ou qui donne le coup de pied de l'âne...... Si le Prince se présentait en chair et en os à certains yeux épouvantés (ce qu'il ferait certainement s'il y avait sûreté pour sa personne), que de concessions *pour conserver la paix*!... Qu'ils se tranquillisent, il ne veut rien d'eux. Il ne faut donc pas s'étonner si on a eu toutes les facilités, pour compulser, publier, tromper, etc. Qui sait même ?...

Nous ne connaissons personnellement ni le Duc de Normandie, ni ses adversaires. Nous ne sommes guidés que par la justice et l'impartialité; nous nous garderons bien d'imiter M. de Saint-Gervais, qui ose accuser jusqu'à Pharamond d'être le premier auteur des révolutions de 1789 et 1830. Nous déclarons que nous n'avons été ni Chambellans, ni Gentils-Hommes de la Chambre, ni Conseillers, ni Ducs, ni Pairs, pas même Députés, et encore moins budgetaires éternels : nous n'avons encensé ni d'Orléans, ni les Clubs, ni Marat, ni Robespierre, ni la Convention, ni le Directoire, ni le Consulat, ni l'Empire, ni les Restaurations, ni la *Quasi-Légitimité*.

Nous ne nous sommes assis à aucun des banquets scandaleux où vont s'engloutir les sueurs du peuple toujours victime de ses gouvernans. Très-peuple nous-mêmes, nous nous garderons d'imiter les ergoteurs déhontés qui profitent des dilapidations en nous traitant effrontément de *pillards*, et qui, nouvelles harpies, infectent tout ce qu'ils touchent......
Nous serons brefs, mais incisifs.

Page 13, M. de Saint-Gervais dit : « Le fils de Louis XVI s'est hâtivement défait des défauts qu'on avait cherché à lui faire contracter, du moment qu'il a été délivré de la contrainte des êtres vils qui le forçaient à prendre leurs dégoûtantes manières. »

A cette époque, on ne souffrait point le cumul des fonctions ni des appointemens. Forcé d'opter entre la place de municipal et celle de gardien du Dauphin, Simon préféra la première, et quitta le Temple le 19 janvier 1794; il fut dressé procès-verbal de la remise qu'il fit de l'Enfant qui avait été confié à sa garde. Dèslors, cet Enfant fut absolument abandonné à lui-même dans sa chambre, renfermé sous clef et verroux; on lui passait ses vivres par un guichet pratiqué à cet effet, et c'est également à ce guichet où les municipaux l'appelaient chaque soir, que ceux qui arrivaient au Temple le prenaient sous leur responsabilité, pour vingt-quatre heures.

Si le public pouvait douter de la vérité des faits contenus dans les Mémoires du Duc de Normandie, ce qu'on vient de lire suffirait pour faire disparaître tous ces doutes. D'abord, comment et par qui M. de Saint-Gervais a-t-il su que *le Prince s'était hâtivement débarrassé des défauts qu'on avait cherché à lui faire con-*

tracter, puisqu'il n'y avait personne de spé-
cialement préposé à sa garde ; *qu'il fût abandonné à lui-même dans sa chambre, renfermé
sous clef et verroux ; qu'on lui passait ses vivres
par un guichet ; que les municipaux l'appelaient chaque soir, et que ceux qui arrivaient
le prenaient sous leur responsabilité pour vingt-
quatre heures ?* etc.

Quand on veut énoncer un fait authentique,
il faut être au moins conséquent. Simon n'est
sorti du Temple qu'après le 9 thermidor. Si
le Prince n'était surveillé par personne, il ne
parlait donc non plus à personne ; qui donc
a rendu compte de ses conversations, jugé des
changemens opérés en lui depuis le départ de
Simon, si on ne l'appelait que pour lui donner
ses vivres et s'assurer de sa présence ? Est-ce
qu'il prononçait un discours chaque fois qu'on
ouvrait le guichet pour prouver qu'il s'était
*hâtivement défait des défauts qu'on avait cher-
ché à lui faire contracter ?* M. de Saint-Gervais
n'en dit rien, ni les municipaux non plus. L'au
teur prétendrait-il parler par induction, parce
que le Duc était Prince et fils de Roi, et que
ces personnages ont eu de tout temps l'heureux et exclusif privilège de prendre ou aban-

donner à volonté, dans leur bas âge, les impressions qu'ils avaient reçues ? Ce serait un peu trop fort et abuser largement de la patience de ses lecteurs. Dans ce cas, pourquoi affirmer un fait qui ne serait alors que probable ? M. de Saint-Gervais a-t-il songé aux réflexions qui découlent naturellement de cette circonstance ? Si le fait a eu lieu tel qu'il le dit, qu'en résultera-t-il ? Que le public ne pourra se dispenser de croire à la substitution, car il ne saurait s'expliquer les causes d'un isolement aussi extraordinaire, et personne n'ignore qu'il faut du temps à l'enfance pour se défaire de certaines habitudes ; que ce n'est pas en l'isolant qu'on y réussit, mais en y apportant le plus grand soin, et par une surveillance de tous les instans ; et, dans cette hypothèse, il est indispensable d'admettre l'enlèvement ou un miracle.... Que le lecteur choisisse.

Nous dirons : 1° Ce fut Simon qui renferma le Prince ; 2° tant lui que sa femme cherchèrent à corrompre son heureux naturel ; 3° le Duc n'a jamais causé avec les municipaux ; 4° après le départ des Simon, l'Enfant qui était au Temple ne fut dédaigné que *parce qu'on savait que ce n'était pas le Prince*; circonstance qui explique clairement l'abandon et les prétendus changemens remarqués ; 5° enfin, le Prince n'a pu se défaire des habitudes qu'on le força à contracter qu'en grandissant et avec l'aide des hommes généreux qui apportèrent à son éducation le zèle et la sollicitude que comportait un pareil sujet.

Pages 14, 15, 16, 17, 18, 19 et 20, enlèvement et ses suites. Le Duc, dans ses Mémoires, n'a dit que l'exacte vérité, et c'est précisément cette vérité qui offusque et terrasse. Il y a mieux : il ignorait que l'enfant qui lui avait été substitué mourut au bout de huit jours, par suite de la trop forte dose d'opium qui lui fut administrée, et que les gardiens craignant d'être compromis se procurèrent un autre enfant malade, choisi tout exprès ; ce qui explique la conduite des autorités à son égard ; ce fut celui qui succomba en 1795. Ce fait est avéré, et il est aussi positif que la femme Simon l'a dit à qui voulut l'entendre, et l'a répété au Prince lui-même lorsqu'il la vit et lui parla en 1802, quoiqu'il n'eût pas 5 pieds 6 pouces comme l'annonce M. de Saint-Gervais. Ces faits sont tous avérés, et resteront, malgré des dénégations et des productions d'extraits dont on connaît la source. Au reste, l'Europe s'est fait une habitude de certaines duplicités, et n'en est pas dupe. Quoiqu'il en soit, une princesse bien informée a osé en parler plus tard à un souverain, et c'est ce qui fut cause de sa mort prématurée. Croit-on que si cette respectable épouse du plus grand homme des temps modernes avait eu le moindre doute à ce sujet, elle se fût permis de citer comme positif ce qui n'aurait été qu'incertain? Sa réputation de sagacité et de probité la met à l'abri d'un semblable reproche. Nous ne contestons aucun des rapports imprimés dans le temps *par ordre de l'autorité*; chacun sait le cas qu'on en doit faire. Nous n'avons point cherché à compulser les archives de l'État; le pouvoir n'accorde cette faveur *qu'à ses amis*, et comme nous annonçons la vérité, il ne peut y avoir rien de commun entre lui et nous. Que la Simon soit morte aux Incurables ou à la Salpêtrière, peu importe : le Duc a pu être induit en erreur. Pour ce qui est de la raison de cette femme, le Prince la conteste si peu qu'il dit positivement *qu'on la faisait passer pour folle*, ce qui est loin de signifier qu'elle le fût. Le Duc de Normandie a été conduit dans la Vendée, et a passé quelques semaines auprès de Charette, dont la conduite subséquente fut le résultat d'instructions supérieures.

Pages 21, § 2 et 3, M. de Saint-Gervais dit : Lorsque cet auteur suppose une conduite si exécrable à Louis XVIII, comment son imagination déréglée ose-t-elle mettre de complicité le Duc de Chartres, à peine dans sa seizième année quand la révolution éclata, et qui, aujourd'hui, élevé au trône par de cruelles circonstances, ne doit pas voir sans horreur une si infâme assertion !

Oh ! pour le coup le bout de l'oreille perce entièrement, et il y a bien de la maladresse à se laisser deviner ainsi ! Nous répondons : 1° Le Duc n'a jamais parlé de la complicité du Duc de Chartres avec Louis XVIII ; mais bien avec Dumouriez ; 2° le Duc de Chartres a fait sous les ordres de Dumouriez la campagne de 1791 et suivantes, jusqu'au moment où il a passé à l'ennemi, emmenant avec lui les représentans *Camus*, *Bancal*, Lamarque, Quinette et le ministre de la guerre Beurnonville ; 3° malgré ses 19 ans le Duc de Chartres a figuré comme lieutenant-général... Cependant que faisait ce prince dans le camp de Dumouriez pendant que son père, à Paris, contribuait à faire lâchement tomber la tête de son roi qu'il n'osait regarder en face ? *Il paraît qu'alors on consentait...* Où sont les protestations que lui, Duc de Chartres, a faites contre cet attentat ? Pourquoi n'a-t-il pas immédiatement quitté l'armée et la France ? Que faisait-il, après la mort de son père, dans le camp français, pendant qu'il était proscrit lui-même ? *Mayeux,* journal du 20 octobre, nous l'apprend. Que dans ces derniers temps on ait vanté ses exploits à Valmy et à Jemmapes, exploits inconnus jusqu'en 1830, cela était naturel, il se trouvait maître du pouvoir......

Page 22, Proclamation du Prince de Condé, 16 juin 1795. Dès l'instant que le Prince de Condé s'est décidé à condamner le Duc de Normandie à une obscurité momentanée, seul moyen de le soustraire aux dangers qui le menaçaient, il a dû agir comme si ce Prince fût réellement mort. Cette détermination éloigna les malheurs qui auraient pu fondre sur la jeune victime. Le prince de Condé expliqua les motifs de sa conduite dans les lettres saisies sur le Duc lors de son arrestation et de sa translation à Milan, en 1818, lettres qui sont à Vienne. Il était donc inutile que le Duc fît mention d'un acte qu'il ne pouvait ignorer, puisque tout fut fait d'après son consentement.

Page 23, § IV. Tout le monde sait où était Kléber en 1793 et 1794, et si M. de Saint-Gervais avait lu avec attention les Mémoires qu'il attaque, il aurait vu que le Duc ne fut remis entre les mains de Kléber qu'après 1795, et il n'eût pas commis une grande erreur.

Page 24 et suivantes.....

Que le gouvernement s'appelât Convention ou Directoire, cela est insignifiant. Le Duc est loin de contester les actes publiés par les gouvernans depuis sa sortie du Temple ; il soutient seulement et avec raison qu'ils n'ont pu concerner que l'enfant qui se trouvait au Temple à cette époque.

Page 40, § 4. La découverte de la dépouille mortelle de Louis XVII eût été d'autant plus précieuse, que les honneurs funèbres qu'on lui eût rendus eussent ôté à l'astuce de quelques intrigans, à la folie de quelques individus, et surtout à la malveillance, tous moyens de prétendre que le jeune prince a été enlevé de la tour du Temple, et qu'il existe.

Nous ne nous serions jamais doutés qu'il fût indispensable d'avoir le corps d'un mort, pour rendre à sa mémoire les honneurs qui lui sont dus.....

Page 43, § 3. Pourquoi? Parce que Louis XVIII eut le malheur de confier la majeure partie de son administration à des hommes dont le cœur ne battait point pour la restauration; à des hommes qui prêtaient et reprêtaient serment de fidélité aux Bourbons, qui protestaient annuellement de leur amour pour la légitimité, comme des comédiens qui jouent leur rôle.

Bel argument en vérité et qui fait grand honneur à l'auteur! Ne craint-il pas d'être attaqué en calomnie? Nous ignorons si ceux que M. de Saint-Gervais entend désigner, qui sont encore à la tête des affaires et par conséquent furieux de restauration, lui sauront beaucoup de gré de cette ânerie. A vous MM. N. N. N. N., aidez-nous d'abord à accorder ce paragraphe avec celui de la page 40.

Page 44....., M. de St-Gervais ignore sans doute qu'il y eut un duel entre le duc de Bourbon et le comte d'Artois, et qu'elle en fut la cause..... Nous le renvoyons à l'étude de son histoire contemporaine.

Page 46, Ce dernier article suffirait seul pour prouver l'existence du Duc de Normandie, et tout ce qui s'y rattache, si elle n'était déjà suffisamment établie, pour dévoiler les motifs qui ont engagé M. de St-Gervais à publier sa brochure, et sous quelle inspiration il l'a faite. Nous avons reconnu dès le principe l'influence qui a présidé à cette opération et nous l'avons jugée; il en est de même de celle de M. Eckard, qui est calquée sur le même modèle.

Lorsque Louis XVIII ordonna, pour la forme, des recherches pour découvrir les prétendus restes du Duc de Normandie, qu'il savait très-vivant, le docteur Pelletan, connu de tout Paris, homme estimable et respectable sous tous les rapports, n'a point été sommé de remettre à l'autorité le cœur de l'enfant qu'il a ouvert au Temple en 1795; il ne l'a pas offert au pouvoir qui ne pouvait ignorer qu'il l'eût en sa possession. C'était cependant le cas ou jamais de faire un éclat. Pourquoi ces faits se sont-ils passés inaperçus, et ne les a-t-on pas livrés à la publicité, afin d'en instruire la France et de détromper la nation à cet égard? Voici notre réponse : Louis XVIII et son clergé connaissaient parfaitement l'existence du Duc; ils savaient aussi que personne ne pouvait avoir son cœur, du moins physiquement; des scrupules les assaillirent; on consulta et il fut décidé qu'on devait s'abstenir..... Autrement qui eût empêché le pouvoir de prendre le premier squelette venu et de le présenter comme celui du Duc de Normandie? Quant à la conduite du docteur Pelletan, elle fut rationnelle; dans le doute, il s'est abstenu. Si MM. de Saint-Gervais et Eckard avaient imité cette sage réserve, ils ne nous auraient pas mis dans le cas de repousser aussi vigoureusement des insinuations dont la partialité et l'absurdité révoltent les âmes honnêtes et pour qui l'honneur n'est pas un vain nom.

Le Duc de Normandie haussera les épaules, en lisant les écrits auxquels nous répondons. Cette attaque aussi déplacée qu'inconvenante à l'égard d'un Prince qu'on sait ne pouvoir intervenir personnellement pour se défendre, le confirmera dans la persuasion où il est que, pour faire entendre la vérité aux gouvernans, il est nécessaire de se servir des moyens qu'ils mettent eux-mêmes en usage pour la repousser. Nous aurons rempli un devoir, et quelle que soit l'audace des attaques, notre silence sera notre seule réponse à d'indignes provocations. Le Duc de Normandie a régné et il pourrait régner encore, en dépit de tous ses ennemis. Le droit est de son côté et les prophéties nous l'assurent. La fin de celle de Saint-Césaire, archevêque d'Arles, faite en 468, dit, après avoir annoncé tous les événemens qui se sont succédés jusqu'en 1830 : « Rex humiliabitur usque ad confusionem et dabitur corona alteri cui non est ; sed juvenis captivatus recuperabit coronam Lilii et destruet filios Bruti in insulâ. (*Le roi sera humilié jusqu'à la confusion et la couronne sera donnée à qui elle n'appartient pas ; mais un Prince qui aura été captif dans sa jeunesse recouvrera la couronne des lis et détruira les enfans de Brutus dans l'île.*) »

Quant anx raisons qui, malgré tant de prédictions, ont engagé le Duc de Normandie à ne demander qu'une reconnaissance d'état, comme fils de ses père et mère, et par suite, sa rentrée dans le droit commun, elles sont nobles et loyales. Il connaît la nation française, il sait ce qu'elle vaut, ce qu'elle peut, et il est loin de méconnaître ses droits. Il a protesté contre la déposition du géant et l'élection d'un Bourbon imposé par l'étranger qui l'a conduit à la suite de ses phalanges, ce qui s'en est suivi et par conséquent contre les traités de 1815 et tout ce qui s'est fait sous son intervention depuis le 1er avril 1814. Il a également protesté contre ce qui s'est fait en 1830. Ses protestations ont été transmises aux puissances étrangères. Tôt ou tard elles porteront leur fruit. Toutes ont l'empreinte d'un cœur ardent, d'un cœur brûlant d'amour pour le bien de sa patrie; nous dirons plus, pour le bien-être universel. Inconnu, exilé, tout-à-coup on le voit au milieu de nous, il nous dit nos fautes, relève nos erreurs et déjà il a disparu.

Il engage la couronne à restreindre ses dépenses.

Il conseille au clergé de déprécier tout salaire de l'état, et de reprendre ainsi son indépendance et sa considération : nous voyons de vertueux prélats, des pasteurs éclairés reconnaître dans cette mesure le triomphe éclatant de la religion, et la réclamer comme une grâce.

Il rappelle à la noblesse qu'illustrée par les vertus de ses ancêtres, par leurs services signalés rendus à la patrie, et fière de suivre leur trace, elle marche escortée de glorieux souvenirs et accueillie de témoignages de vénération.

Mais son cœur se déchire non-seulement à la vue de ces ambitieux, de cette foule d'intrigans qui assiègent constamment l'autorité pour recueillir les sueurs du peuple et en faire le domaine perpétuel de leur famille, mais encore de cette classe de sangsues politiques qui depuis 40 ans exploite à son seul profit et les places et les revenus de l'État.

Où est donc cet être extraordinaire et mystérieux que nous ne découvrons nulle part et qui nous apparaît sans cesse?...Où est ce génie qui semble constamment planer sur la France?... Fasse le ciel que nous ne soyons pas bientôt réduits à ne voir notre ancre de salut que dans la présence, le courage et le dévoûment d'un Prince digne d'un meilleur sort, et trop peu connu de ses concitoyens. Les Français sont loin de le confondre avec les oppresseurs de leur patrie et d'avoir donné leur assentiment à son exclusion; car ils savent tous, comme il l'a dit à la Chambre par sa dernière protestation du 2 octobre dernier, dont le rapport n'a pas encore été fait, que la proposition de M. de Briqueville n'est applicable qu'à l'ex-roi Charles X et à ses descendans.

Je termine cette réponse par l'anecdote sui-
vante, qui m'a été communiquée et dont
je garantis l'authenticité.

En 1802, Bonaparte, à son retour de l'armée, après avoir fait toutes les recherches possibles pour découvrir le Dauphin qu'il savait vivant, fit croire à Joséphine qui lui en parlait sans cesse, qu'il venait d'être arrêté. La tante de cette Princesse, Mad. Fanny de Beauharnais, lui avait révélé que le fils de Louis XVI avait été sauvé de la tour du Temple; que M. de Talleyrand était dépositaire des documens les plus secrets sur cet enlèvement; aussi l'excellente Joséphine se trouvant convaincue de l'existence précieuse du descendant de tant de rois, ne put s'empêcher de dire à Fouché : « Je vous ai préparé à l'événement du retour de Bonaparte, je vous ai été constamment favorable auprès du Di-

rectoire depuis votre arrivée d'Italie, je vous
ai fait maintenir dans votre place sous le Consulat : jurez-moi en ce moment sur l'honneur
et pour prix de mes bienfaits, que vous respec-
terez les jours de cet enfant... Bonaparte dit
que c'est un imposteur... Imposteur ?... Mais
si, par hasard, il était possible qu'il fût véri-
tablement ce qu'on dit... ne serait-il pas assez
à plaindre d'être né sur le trône ?... Au con-
traire, si c'est un émule des Perkin, des Pu-
gatcheff, etc., vous saurez bien sévir contre
lui. » Continuant, elle ajoute : « Ce prisonnier
n'offrirait-il point quelques-uns des traits de
la reine Marie-Antoinette ? Répondez fran-
chement à ma question, ajouta-t-elle d'une
voix émue et en pressant affectueusement sa
main, Fouché, vous lui servirez de Mentor
et deviendrez pour lui un guide fidèle. Je ré-
clame de votre bienveillance en sa faveur le
bienfait d'un exil calculé. Quant à moi je me
charge de pourvoir à tous ses besoins... » Ici
le ministre parut attendri... « Jurez-moi de

nouveau le plus inviolable secret; vous en sentez les conséquences, surtout à l'aurore d'un nouveau règne. Le moderne César ne paraît nullement disposé à remplir le rôle de régent. Qui sait même si cet homme extraordinaire ne voudra point tenter de monter sur le trône, en dépit de vos vieux Jacobins? Mais, dans la disposition où se trouvent les esprits, une si audacieuse combinaison pourrait faire naître des troubles politiques, et provoquer une explosion dangereuse; attendons tout du temps. « Fouché demeura surpris de la recommandation et de la confidence! Comme il estimait et croyait Joséphine, il se le tint pour dit. Il lui promit de protéger l'imposteur, mais qu'il chercherait à dévoiler ses ruses... On ne sait, dit-on, ce que ce jeune homme est devenu, mais ses bienfaiteurs n'ont pu l'ignorer.

Cette anecdote, bien connue de nous, ayant été répétée au Duc de Normandie, il répondit

sur-le-champ ces paroles remarquables :
« Fouché me fit part de l'entretien qu'il eut
avec Joséphine à mon sujet; et, sur les obser-
vations que je lui fis, il me répondit : Quel
que soit le dévoûment de cette femme admi-
rable, il serait très-imprudent de lui faire
connaître que vous êtes ici, parce qu'elle
profiterait de la première occasion pour sol-
liciter les bontés du Consul, et l'engager à
vous rendre votre nom et à vous protéger.
Son dévoûment serait tel qu'elle saisirait
toutes les occasions pour intéresser Bonaparte
en votre faveur, et il est à craindre que, dans
un moment d'épanchement, elle ne lui dise
qu'elle sait tout ou que je lui ai tout dit. Alors
je serais remplacé et vous ne pourriez échap-
per aux recherches de la police. Je ferai à cet
égard ce que vous voudrez, et j'attendrai le
résultat de vos réflexions. Je compris parfaitement tout ce que Fouché me dit et je
suivis aveuglément son avis. Après mon départ, il en parla à Joséphine qui lui a gardé

le secret jusqu'à sa mort. C'est ce que Fouché me dit en 1815, lors de mon retour d'Amérique... » Il paraît que Fouché parlait du Duc de Normandie dans ses Mémoires, car l'impression en fut commencée à Genève en 1817; et, au moment où tous les souscripteurs s'attendaient à les recevoir, on apprit qu'ils avaient été retirés des mains de l'imprimeur, qu'on enleva tous les vestiges de cet ouvrage, *d'après un ordre supérieur*, et que l'argent fut rendu. Toutes ces circonstances expliquent les démarches de Joséphine auprès d'Alexandre, et sa mort prématurée en 1814. Tels furent également les motifs de la persévérance de *Martin*, qui n'insista pour obtenir une audience de Louis XVIII, qu'afin de lui rappeler qu'il occupait la place de son neveu vivant.

Suite des Prophéties de Saint-Césaire, archevêque d'Arles, et qui se trouvent pages première et suivantes Libri Mirabilis, déposé à la Bibliothèque nationale de Paris, et dont l'édition remonte aux premiers temps de l'imprimerie.

Avant que le monde parvienne à la fin du XVIIIe siècle, la malice des hommes se dirigera contre l'Eglise universelle. Les temples seront profanés et souillés ; les autels détruits ; les églises seront dépouillées de tous leurs biens temporels ; les saintes femmes fuiront après avoir abandonné les monastères ; elles seront violées et souillées. Les prêtres et les prélats seront dépouillés de toutes leurs dignités temporelles, cruellement persécutés et chassés, ils trouveront à peine un asile pour s'y cacher et y manger le pain de la douleur.

Alors les peuples de la Gaule, remplis de douleur, d'orgueil et de fureur, se révolteront contre leurs seigneurs, ils les chasseront, les massacreront et s'empareront de leurs biens. Il y aura un massacre général de barons, comtes, marquis, ducs et princes, et ils se donneront des lois. Un grand monarque sera mis en état d'arrestation par ses sujets dans la capitale même. Ce prince éprouvera de grandes douleurs à cause de son peuple.

Les trahisons, les conspirations et les fédérations couvriront le royaume. La couronne des lis sera conspuée, le chef de l'Eglise sera forcé de quitter sa résidence et de garder le silence dans la crainte d'être sacrifié à la fureur de ceux qui n'auront pas épargné leur roi.

La religion restera pendant plus de trois ans sans défense et livrée aux attaques formidables des démagogues, parce qu'alors il n'y aura plus en France de chef, de Pape à Rome et d'Empereur sur la terre.

Dans ces temps calamiteux il n'y aura plus de bonne foi, chacun cherchera à tromper son semblable ; la république ne sera qu'une déception et l'immoralité siégera à la tête du gouvernement. Les Grands et les Princes seront pourchassés ; beaucoup demanderont la paix, et cette paix ne sera point accordée. Plusieurs villes se soulèveront et obtiendront des constitutions ; mais elles reviendront ensuite à leurs anciens usages.

XIXe SIÈCLE.

Les chefs de la France seront tellement détestés qu'ils ne trouveront de défenseurs nulle part. La main du seigneur s'appesantira sur eux et sur les puissans de la terre ; la vengeance divine s'étendra indistinctement sur tous. Les nations voisines dévasteront la France. Les Gaulois, les Allemands, les Arméniens, les Phrygiens, les Daces, les Norwégiens

et les Scythes attaqueront la France ; les ennemis s'empareront du camp français, et la
gloire de ce peuple se changera en opprobre.
L'aigle planera sur le monde et soumettra
plusieurs nations. Le royaume de France sera
envahi de tous côtés et presque détruit. Le
plus grand monarque de l'Occident abandon-
nera ses troupes et fuira ; presque toute son
armée sera miraculeusement détruite et ses
conquêtes enlevées ; le carnage sera grand et
les calamités épouvantables. Plusieurs grands
seigneurs succomberont. Les villes de France
seront abandonnées et la destruction se fera
sentir partout.

Une régénération momentanée fera renaître
un espoir que les factions détruiront. La légitimité entassera fautes sur fautes ; il y aura
des conspirations, des commotions et des révolutions. La famine affligera cruellement le
royaume. Le roi sera humilié jusqu'à la confusion. La couronne sera donnée à celui à
qui elle n'appartiendra pas : mais un prince

captif dans sa jeunesse recouvrera la couronne des lis et détruira les enfans de Brutus dans l'île. *Amen.*

Explication.

Les prophéties de saint Césaire datent du 5me siècle; elles sont au pouvoir d'un grand nombre de personnes qui les connaissent depuis plus de cinquante ans. Tous les événemens annoncés sont arrivés. En 1830, époque à laquelle ses rapporte évidemment la dernière phrase, on a vu ce qui s'est passé. Les mots : « Mais un prince qui aura été captif dans sa jeunesse, *juvenis captivatus*, recouvrera la couronne des lis, etc. » ne peuvent concerner que le fils de Louis XVI. Il n'y a eu de prince captif dans sa jeunesse que le duc de Normandie. *Recouvrera la couronne des lis.* Pour recouvrer un bien, il faut l'avoir possédé, puis perdu. Tout le monde sait que le fils de Louis XVI a régné du 21 janvier 1793 au 8 juin 1795 , époque où on le fait mourir , quoique très-vivant aujourd'hui. Il est donc évident que ce prince seul, dans le monde , a été prisonnier dans son enfance, roi et détrôné , et quil n'est question que de lui dans la prophétie ci-dessus.

www.ingramcontent.com/pod-product-compliance
Lightning Source LLC
Chambersburg PA
CBHW061445050726
47593CB00004B/1476